APOLOGÍA DE LOS OJOS Y LOS DÍAS

Diego Aguilar

APOLOGÍA DE LOS OJOS Y LOS DÍAS

© DIEGO AGUILAR
"APOLOGÍA DE LOS OJOS Y LOS DÍAS"

ISBN papel:
ISBN pdf:

.

Reservados todos los derechos. Salvo excepción prevista por la ley, no se permite la reproducción total o parcial de esta obra, ni su incorporación a un sistema informático, ni su transmisión en cualquier forma o por cualquier medio (electrónico, mecánico, fotocopia, grabación u otros) sin autorización previa y por escrito de los titulares del copyright. La infracción de dichos derechos conlleva sanciones legales y puede constituir un delito contra la propiedad intelectual.

Diríjase a Diego Aguilar, si necesita fotocopiar o escanear algún fragmento de esta obra (www.elumbraldemipalabra.blogspot.com; +529613077815).

Para mi amada esposa, quien convoca suspiros en medio de la tarde y me regala siempre una sonrisa al despertar.

"La cobardía es asunto de los hombres, no de los amantes.
Los amores cobardes no llegan a amores ni a historias, se quedan allí.
Ni el recuerdo los puede salvar, ni el mejor orador conjugar…"

Silvio Rodríguez

Índice

Contenido

Junio 19 14

Junio 20 15

Junio 21 19

Junio 22 20

Junio 23 21

Junio 24 22

Credo Creo en la belleza de las flores sin importar sus espinas, ... 22

Junio 25 23

Junio 27 25

Junio 28 26

Junio 29 27

Junio 30 29

Julio 1 30

Julio 2 31

Julio 3 0

Julio 4 1

Julio 5 4

Julio 7 6

Julio 8 7

Julio 10 9

Julio 11 12

Julio 12 13

Julio 13 14

Julio 20 15

Julio 21 16

Julio 22 17

Julio 24 18

Julio 26 19

Julio 27 21

Julio 28 21

Julio 29 23

Julio 30 25

Agosto 1 26

Agosto 2 27

Agosto 3 28

Agosto 4 29

Agosto 5 30

Agosto 6 31

Agosto 7 32

Agosto 8 34

Agosto 9 34

Agosto 10 36

Agosto 11 36

Agosto 12 39

Agosto 13 40

Agosto 15 41

Agosto 16 42

Agosto 17 43

Agosto 18 44

Agosto 19 45

Agosto 20 46

Agosto 21 47

Agosto 22 48

Agosto 23 49

Agosto 24 50

Agosto 25 51

Agosto 26 52

Agosto 27 53

Agosto 28 55

Agosto 29	56
Agosto 30	57
Agosto 31	58
Septiembre 2	60
Septiembre 3	61
Septiembre 4	62
Septiembre 5	63
Septiembre 8	64
Septiembre 9	65
Septiembre 10	66
Septiembre 11	67
Septiembre 12	68
Septiembre 13	69
Septiembre 14	70
Septiembre 15	71
Septiembre 17	73
Septiembre 18	74
Septiembre 20	75
Septiembre 21	76
Septiembre 23	77
Septiembre 24	78

Septiembre 26 79

Septiembre 30 80

Octubre 4 81

Octubre 6 82

Octubre 7 84

PÉDICA DEL PECADOR GUSTOSO 85

Junio 19

- ¿Para qué sirve el tiempo? - preguntabas-
Aguarda un poco,
      un poco más.
Quizás después de haber hallado el grano de arena que hacía falta,
tornes a contar una vez más desde este lado,
el otro.
Pero puede que el fractal hoy ya no importe
 y el río de arena fluya sin más sentido
que el de la inmediatez turbada por las manos
que alteraron la historia,
y ayer, hoy y mañana,
no sean sino sólo palabras en boga de otros seres
que no podrán medir como lo hago,
contando tus presencias y tu ausencia,
tu cerrar y abrir de ojos,
el calor de los abrazos o el frío a la intemperie más allá de tus manos,
tus besos y hasta prontos,
simple y sencillamente tu presencia.
¿Relatividad?
Amor es la medida de las cosas.

Junio 20

Amnistía o amnesia

Fueron las palabras que rondaban como carroña la mañana intermitente interminable.

Porque uno no ama al ahí se va

porque no se percata del trayecto de Halley

ni de las conmiseraciones del reloj o la planta de los pies

hasta que se torna al país de Nunca Jamás

y sin embargo es un reproche elegante por parte del espejo

cuando ocurre por casualidad

que el caótico reflejo trae consigo algo más

me refiero a las imágenes de un no sé qué

de un *piú o meno*

y en el nunca jamás

resulta que el cuervo ha volado a otras alas

a través de una alteración sintáctica

pero bien la alteración pudiese ser un hoyo negro

y en la espesura de su oscuridad

ocultara un espejo roto que dividiera el cristal en muchos cuervos

para nunca más saber dónde posó el verdadero

Y es que las migajas son parte del plumaje

el secreto está en juntar esas migas para imitar al todo

para saciarse

Cómo no vestirse de nostalgias un día como hoy

si a la vuelta de la esquina un perro ladra clamando piedad

si un volcán invita a otro a renacer

y el periplo salvaje con que emergen es vida y es frescura

es salvaje agonía

si al ulterior del día me hallaba untado de caña

junto a un cocodrilo clamando a la lluvia

recorriendo las calles más penosas y sin hierba

riendo bajo un faro junto a los amigos

después de otra ausencia

mientras digería no solo la pizza ni los cigarrillos

sino otras ausencias

Cómo no recordar que mi voz me recuerda a otra historia

que ha de ser leída en otro punto

en cualquier otro punto antes de la muerte

después de otras ausencias que me remitan a la tuya

He soñado a una mujer

y la plenitud del recuerdo hace álgidas las ganas de nombrarla

esas putas ganas de llamarle a mordidas

no precisamente a partir de sus labios

sino desde adentro

desde su palpitar hasta la boca

Pero cómo no hacerlo si la sigo soñando

si despierto crepitando ante su aroma impregnada en mi almohada

Si un nunca

si un tal vez

decidiera tu rumbo que es también el mío

me quedo con tu ausencia

y tu onírica presencia

      Pero quizás me quede también con vos

Hoy he soñado a una mujer

y puede que sea una señal

o una segunda vida allá dentro de mi cabeza

aunque también se llama duda

y en el diccionario del pecado su antónimo revela

        AMOR

o por lo menos es lo que mi astigmatismo lee

pues el caso pudiese revelar otra palabra

y sin embargo no estaría lejos de la primera

y tuviese que recurrir a arrancar la hoja y comérmela

Los encuentros del tercer tipo

con todo y su abducción suelen ser así

inmisericordes

        malditos

                inolvidables.

Pero quién me creerá si se lo cuento

me tacharán de loco

de suicida

de involucionado

o tal vez de pescado y nada más

Este maldito traje de estoico ya no me queda

me está asfixiando

no lo soporto

está ajustado al Diego de hace horas atrás

o vidas atrás

La espiral que me conlleva me ha invitado a pasar e internarme de nuevo

   Sucede que hoy

precisamente hoy me encontré al minotauro

      y llevaba mi cuerpo.

Junio 21

He sentido la lluvia a través del corazón más dulce,
danzaba perfecta desde esa primera gota que calló sobre tu sien
aquella tarde de lejanas auroras.
　He observado con los dedos,
con la yema de los dedos te miré.
　He palpado un alma hermosa a través de un beso largo,
a través de estos labios sin dueña que ahora te pertenecen te palpé.
　Acaricié tu sonrisa ignorando el reloj,
y sus hojas cayeron.
　He abrazado un cuerpo hermano con los pies,
desde que la presencia de mis pasos se pierde con los tuyos
y te abrazo fuertemente sin importar el rumbo.
　He degustado el aroma de tu esencia,
de esa cálida presencia que dejaste en mis sueños;
es dulce aquella esencia de imágenes subsecuentes que no dejo de presenciar,
con mis pies,
mis manos,
mis sonrisas;
ya no lo puedo evitar.
　Aunado se encuentra este corazón al ritmo de la lluvia,
que se trastocan mis sentidos para poderla soñar,
para invocarla a través de mis pupilas o el recuerdo.
　Mi cuerpo exige el candor de tu presencia para poder sentir el mundo,
para habitar esta ciudad o cualquier otra.
　Qué importa,
si mi casa está en tus ojos,
está en tus manos.
　Cómo negar que la felicidad no es sólo un mito,
sino existe momento en que te arrope con el recuerdo y la buena fortuna,
así cuando te encuentro sé de la buena suerte y la fe de las flores,
del *darma* que te nombra en medio de este viaje.
　Por eso, amor,
que yo te digo y no hablo de otra cosa más que amor.

Junio 22

La vida es un pretexto para verte,
para saborear las calles entre pasos distintos
cual lluvia de mayo bendiciendo ciudades.
Caminar con vos es como lanzar al aire una moneda
que quedase varada en el espacio,
es una sensación de buena suerte
sin saber a ciencia cierta si habrá otro "Buenos días"
y en esa moneda absoluta arrojásemos todo
incluso nuestra infancia.
El contacto de sus manos
son un derroche de esperanza fortuita,
una estrella fugaz que lleva mi deseo al infinito tangible de sus labios,
labios que auguran inviernos calurosos,
y sin embargo esos ojos en su infinita bondad me muestran tregua,
una pausa en la que aún habitan fantasmas,
y me es comprensible si sé que fui una tumba que resguardó otros muertos;
sin embargo, no le temo a la muerte,
no me hiere el olvido.
Por eso aquí con vos elijo renacer,
decido caminar bajo el sol una vez más,
dibujarme en tus pupilas
bajo la sombra de un añoso árbol
inmerso en la epidermis de la vida,
y así te nombro: *vida*, y así me sabes, vida.

Junio 23

La madrugada entera transitó tu sonrisa,
se arraigó en mis pupilas tu sonrisa niña,
tus ojos amigos,
tus hermanos ojos se adentraron en mí,
hallando en su interior la música *in crescendo*
como pájaro en vuelo,
como río que desemboca al mar sin importar las piedras.
Y de pronto mi sonrisa ha viajado
y te halló en medio de la noche más clara,
más sincera.
Comprendí que este cuerpo ya no me pertenece,
y si alguna vez lo fue sólo lo resguardaba.
Mi sonrisa nace cuando beben tus manos el manantial que canto
y te reflejas en mi historia,
tu historia.
A través de mis manos he encontrado las tuyas
y sin soltarlas
recorro la palma de tu mano
como ciudad hambrienta que busca ser nombrada.
En vuelo van mis pájaros al norte,
quieren llegar a casa,
posarse ya en tus labios.
Fluye la honda,
la serena gracia del fuego que nos quema,
arden nuestros cuerpos al margen del invierno mundano;
nuestra llama está viva y somos fuego que mata con su amor.
Somos fuego que ilumina la noche,
hijos del sol ignorando trincheras,
jugando a amedrentarnos entre bosques y selvas
cuando invocamos guerras sin tregua en nuestros cuerpos
y se riega la tarde
como tinta escribiendo el encuentro en su piel cuando oscurece.
El lenguaje del fuego es el que hablamos,
somos hijos del sol llenos de vida.

Junio 24

Credo

Creo en la belleza de las flores sin importar sus espinas,
en la frescura del viento aunque me llene de polvo.
Creo en la pureza del agua,
de la lluvia,
aunque de vez en cuando se convierta en tormenta.
Creo en el frío y la calidez del fuego,
aunque una que otra noche me quemen con su esencia.
Creo en la fruta en lo alto,
en lo bajo,
aunque se encuentre podrida,
porque las abejas,
las hormigas,
las aves,
creen que tenía que pasar.
Creo en la copa de vino y su bacanal cariño,
aunque de vez en vez se transforme en tragedia.
Creo en un buen cigarrillo y su cuerpo herbolario,
aunque su aliento me coma la vida.
Creo en una mujer y en el amor,
que no es lo mismo pero es igual.
Creo en la narrativa igual que en la poesía,
como creo en un dios omnipresente.
Creo que no creo en las mentiras,
no por candidez,
sino por ética.
Creo en la ciencia igual que en los milagros,
debido no a ignorancia
sino a que existes.
Creo en lo tangible del sueño,
sin importar que de él emerjan pesadillas,
no por entonado o idealista,
sino porque despierto y tú me nombras.
Creo que el vaso se encuentra medio lleno
y que el líquido derramado estaba de más.

Junio 25

Trémula se encuentra la mañana,
extasiada la noche
y la tarde risueña.
Cautiva el amanecer la belleza de tus ojos al pestañear
y palpitan los trinos de las aves
dentro y fuera de este cuerpo de ciudad;
la noche entre vicisitudes
clama por presenciar el hallazgo de tu sonrisa cauta
y desdeña al alba que te ve despertar
al filo de tu esencia más pura,
aquella con la que tejes el sol al mirarlo sonriente;
la tarde es un enigma,
un juglar cantando una epopeya
en que se baten cuerpo a cuerpo el amor y la muerte;
es un puente colgante que nos comunica
desde tiempos remotos.
Desde que recuerdo,
vos naciste en una tarde,
recorriendo enigmática aquel edén terrenal
en que ocultábamos nuestros pasos el uno del otro.
Naciste alguna tarde en mi memoria
y sin embargo el pequeño edén era tan basto
que ignoraba el surgimiento de tardes futuras
en que te reconocería reflejada en mis ojos.
Este infinito calendario de tardes enigmáticas
tenía en su cuerpo un lunar innato y revelador,
algo profético y dulce
como lo son los encuentros casuales entre humanos,
dos seres requeridos
precisamente esa y no otra tarde
para reconciliar un sentimiento
que ellos mismos desconocían,
algún mítico sentimiento
que sólo la tarde podía convocar:
ese sol en la balanza en medio de la transición,
un sol que sin ser sol tampoco es luna,
sino conciencia pura,

universal conciencia de los cuerpos sin tiempo.
La noche desde entonces se ha tornado sencilla
mas no simple;
se ha vuelto fulgor y delirio,
vehemencia de besos que llueven de tu boca a mi boca
y forman una boca,
una sola lluvia trayendo tormentas
que mecen nuestro cuerpo de cíclope
o Krishna bañada bajo el azul poético,
y es que la locura
no permite otra cotidianidad más que la que habitamos;
nuestra cotidianidad no resuelve problemas políticos
o crímenes violentos
porque está por encima de todos y de todo,
más allá de la cruenta realidad que los consume a ellos
-los otros que no somos vos y yo-,
y como buena locura,
como sabia locura,
debe llevar tu nombre
y en él todas las historias no contadas,
los susurros más provocadores,
todas las caricias y mordidas.
El transcurrir del día no necesita relojes ni baldosas,
sino reconocerse en nos
que somos tiempo infinito y eterno,
instante aletargado que reintegra los sueños cual indulto de rey
que todo lo puede y no sabe otra razón para reconocerse
más que fragmentarse en tres:
Divina gracia,
 la del cíclope o dios
que de tardes antiguas surgió.

Junio 27

Viajemos hoy sin prisa, sin rumbo. Hoy convoquemos la lluvia y el fuego; acortemos nuestros pasos para alargar nuestra vida. Hoy que amanece muy tranquilo, como ayer que fue hoy y sobre el mítico mañana que descansa en la palabra y jamás llegará. Hoy viajemos sin rumbo, sin prisa, sin sociedad, sin nombre. La metamorfosis no termina después de la crisálida, ni de un tal Samsa, sino que se reinstaura al separar los cuerpos, las manos, los labios, al pestañear; sino que se antoja renacer entre los intersticios de tus ojos al verme, entre las mordidas de esos labios fruto, de esos labios vida, renacer entre tus manos, recostado en tu cuerpo, cobijado en ti que eres promesa e ideal, pureza y perfección en medio de la putrefacción inicua, sublimidad que rompe toda distopía. A tu lado el tiempo se despeina y carece de sentido, convertidos en la utopía pragmática que somos, traídos a un mundo al borde del colapso; Adán y Eva en una misma costilla, reconociendo el mundo a conciencia de la memorial manzana y la serpiente antropomorfizada llena de rostros infinitos y cruentos, caminando entre efigies incompletas y rotas, fragmentadas. El puente entre dos días tiene inmerso el encanto del encuentro o el hecho de poseer un solo cuerpo de ciudad entre las venas. Mientras el vulgo exige cabezas en la plaza pública, nosotros volamos de un lugar a otro, de un recuerdo a otro, desde una lluvia cómplice a una civilización remota o una cinta de Fellini. Nuestras concupiscencias no son más que retórica, lenguaje: alas. ¿Para qué caminar si podemos volar? Y pasar sobre los vidrios mejor que algún faquir o cualquier manso adorador del dolor y las penas, sin cortarnos; volando hasta la casa que formamos al abrazo y posarnos ante el fuego que nos llena con su esencia de día renovado para gritar a empellones de besos que hoy reconocí mi hogar en tus pupilas hace algunos ulteriores también llamados Hoy.

Junio 28

Ob-
Ser-
vé des-
de el fondo
su sonrisa, desde
el fondo de sus ojos
la observé y fue como
adentrarse en el agua más
prístina, en la vitalidad del agua se
encuentra tu presencia de besos, de caricias,
tu presencia de bondad y buena gente, que con-
tagia sin meditar el tiempo y puede llamarse sueño,
suerte o rebeldía, y sin embargo encausa las tres primeras
cosas, y otro montón imposible describir. Lo importante de no
llamarse Adela, sino Adelita, es saber que un día te soñé, saber que la
fe-
li-
ci-
dad
que
me conlleva es la misma que alguna vez padeció el pelotón cuando arribó la
soldadela y embelesado quedó aquel fulano. Bien podría decir quedó o
dejaste, y tendría que recurrir a contar mi historia y pronunciar después mi
nombre, pero ya no ha-blemos de la
historia, sino del amor que usted me causa, con la misma vitalidad con que se
abraza a un árbol o el amor con que se besa a una niña, de cualquier forma
tornaríamos a la historia, nuestra historia, nuestros besos, nuestras miradas, nuestras caricias, nuestros pasos, nuestros susurros, nuestros…

Junio 29

El gallo está cantando
¿Por qué canta el gallo?
¿Canta?
Escucho un quejido
Un grito insomne
Muchos gritos que no llegaron a lamentos
ALGO quiere decir desde hace tiempo
No me atrevo a decir años
porque no soy consciente más que después del parto
y también grité a mitad de la noche
siendo las ocho
COMO para rememorar el infinito nací pez
Soy piscis
Mi nombre recuerda a muchos fulanos distintos
Y la antítesis de haber sido todos ellos
tiene como consecuencia
que el significado de la suma de sílabas resulte
el misterioso
como el misterio que conlleva
el griterío artero de los gallos antes de que amanezca
el de los perros al vacío aparente de lo desconocido
de las abejas alzando una colmena
sin necesidad de elecciones o palabras
el de las aves tornando de otra muerte
hacia otra casa que jamás ha vislumbrado
los gatos de liviano cuerpo
que pesan en el alma y los tejados
el vals de la gran luna entre las olas
las montañas
las ciudades
los huesos
EL palpitar en morse parece ser enigma
Pero también parece ser canción
Y revela al relevar el paisaje
Revela la imagen carismática
de una mujer que nació en otro tiempo
Bien pudiese haber sido antes o después

Y ser sus brazos los que hoy me cobijan
O su vientre del que hubiese retornado
NACIÓ cabalística un día semi ocho
Inmersa en el deleite del invierno perpetuo
Mostrando su sincera causa de bondad
Al ver la desnudez y la belleza
dentro del dulce sonreír de sus pupilas
en el caudal del río nos hemos encontrado
peces contradictorios danzando en el balance
y divino escorpión observando imperante
de la misma manera
habitando balanza al extender su cuerpo
y tender dichoso puente
para comunicar los sueños con la vida.
DELICIOSO misterio el de ambos cuerpos
en el manto estelar de alguna celestial Penélope
cuyo estandarte desde entonces no se ha desenredado
pues vislumbrado ha el regreso de su vida
el gallo está cantando y es de día

Junio 30

Más allá de los pasos acompasados
y tus labios que me nombran,
no existen astros
ni elemento vital
que sustituya tu encanto.
Ha cedido el viento ya
y me deja tu imagen de abrazos,
de sonrisas en puente
que comunican nuestros besos
y miradas sin tiempo
que exhalan un *Te amo*.
En otrora hubiese tiritado de frío,
pero hoy te encuentras vos
acariciando mi ser con el solo recuerdo.
¿Cómo no amar a una mujer
que sabe detener el tiempo
para posarse en el dintel de mis pupilas?

Julio 1

A mí como a Galeano, también me gusta, me encanta la gente sentipensante, y es que parecen ser más gente que las demás personas, aunque seamos menos, pero estamos allí y me alegra saber que eres así: mi compañera ideal, mi corazón con creces; con tu sonrisa al portador sin importar las premuras y desganas, cabalgando infinitos sobre cualquier nostalgia, y si quieres llorar… lloras.
Y si quieres reír o simplemente mofarte con tus ojos de niña… lo haces.
¡Cómo no llorar si a vos te veo hacerlo con ternura! ¿Cómo no reír, si me contagias? Cómo no mofarse de la vida, sin compartimos esa mirada de infantes sin desgana, que juegan en el medio de un inmenso patio con el único pretexto de saberse vivitos.
He vislumbrado en vos el sortilegio en pleno puente humeante del abrazo, ¿o fue del beso?
En realidad qué importa, si equivale a acariciar tu alma un ratito.
Atrás he dejado mi traje 23, porque en vos veo la querella de sentirse golondrina y volar a la distancia para seguir viviendo.
En tu semblante veo un gran campo de flores y bosques deleitosos ¡imposible no acudir! En tus labios… qué decir de aquellos labios que muestran compasión con pasión.
De tus ojos nomás me queda nada, porque al final de todo lo dejo en tu mirada y en tu sonrisa repleta de alcatraces.
En todo tu cuerpo esparzo mi alegría igual que vos cuando me besas. O quizás mi amor sea el relámpago que anteceda a tu rayo e iluminemos todo a partir del encuentro, para dejar marcado exactamente un árbol, y la señal que encuentren el resto de las gentes sea el tronco que diga "Nosotros existimos".

Julio 2

Hay ocasiones en que no sé expresar *te necesito* y recurro a tus imágenes igual que a un oasis mientras bebo del encanto de tus ojos, remitiendo al instante último en que en ellos reflejado me vi y envolviéndote fuertemente en un abrazo
me respondiste con otro que anulara el primero, convirtiéndonos pues, en primavera.

Entra la lucecita por el ojo de mi ventana,
entra la lucecita por en medio del sueño en que te reconocí.

Entra la lucecita y revela tu silueta dibujada en mis pupilas, entra la lucecita y vasta verte para imitar el sueño.

La presencia matinal de vos cuando apareces es similar al viaje más hermoso, a una caminata por un parque extraviado en medio de la urbe, de aquellos parques sin tiempo que resguardan la esencia de los buenos momentos.
Cuando vos te apareces por la tarde,
hay siempre en tu mirada un rayo matinal.

En tu sonrisa albergas soles también
y mi semblante es muestra fidedigna de presenciar un milagro.

Cuando la triada está por completarse,
cuando el faro se posa igual que un cíclope vigía, es el momento en que mis latidos se convierten en música, teniendo que recurrir a mis labios para cantar de cerca, muy cerca de tus oídos.

Cantar en tus mejillas, tus labios, cantar sobre tus manos, tu cuello, tu cuerpo entero, cantar.

¿Qué será del encuentro al despertar
si mis realidades chocan y al abrir los ojos sigues allí, allí donde te necesito?

Julio 3

Hay en la imagen niña que vos resguardas
una sonrisa perpetua
que no demora en enseres ni tabernáculos
que se presenta constante a través de tus besos
con el calor que sólo tienen los seres que saben levitar

Existe en la epidermis que me toca
una pausa
un solfeo irremediablemente puro
de aquellos con los que se hace inevitable bailar
y ocurre que mi cuerpo
no sabe de otros ritmos más que el tuyo
que mis palabras se mueven
igual que un metrónomo al escuchar tu voz

Paso a paso matamos el tiempo con descaro
a mordidas
con besos diminutos
o al margen del calor que nos consume
y nos condena a seguirnos quemando
de la manera más honesta

Vos entre mis brazos y yo entre los tuyos

No existe ya razón ni parlamento
no la necesitamos si nos decimos *te amo*
si unos labios tatuados marcan mi cuerpo
y mis manos recorren el misterio de tu divinidad

Es salvaje la agonía con que nos buscamos
hasta encontrarnos
Y es sublime el descaro con que nos pertenecemos
en medio del encuentro

Puede morir el mundo en paz si lo requiere
si yo revivo en vos a cada instante

Julio 4

Para qué hablar de tu belleza
Está de más decirlo
Se vuelve algo tangible
Demasiado verosímil
Innegable
Pero hay algo más profundo
Otra cosa
Un no sé qué que intento describir
Hay un halo de luz que te mantiene
Una energía
En tus ojos hay vida
Hay sublimidad
Y las palabras no corresponden para describirte
Hay sublimidad
¡Qué decir ante eso!
¿Seré una víctima?
Podría serlo
Pero es un privilegio
Es un privilegio estar presente
Ante la divinidad que emanan tus ojos
Tu sonrisa
No necesitas decir nada para yo poder decir
TE AMO
Y ese Te Amo se queda corto
Mortal
Haciéndome sentir culpable
De no poder expresar en realidad lo que siento
Porque se vuelve algo más allá de lo humano
Incomprendido
Desconocido
Y no es ésta etapa privilegiada del enamoramiento

Sino una necesidad de estar ahí
Un intento locuaz de ser pájaro
Y llegar hasta tus ojos para reconocer el cielo
Cómo describir el universo en una sola palabra
Cómo hablar de cosas imposibles
Si se reflejan dejando el vacío de la vida
Los enseres del sueño
Las manías
         Las copas
Me puse a revisar mil canciones en mente
Dos mil frases
Otras miles de cosas que te invocaran
Y descubrí que no hay palabras para nombrarte
Para reconocerte más allá de mis ojos
Mentiría al sólo decir que eres bella
            Se quedaría corta la descripción
Miento al decir que te amo
¡Porque no es así, porque hay algo más allá
Y también es cierto
Y te lo expreso con mis más mortales palabras!
Porque el amor se queda corto para reconocer que en ti viven pájaros infinitos
Soles
    Plantas
        Infinidad de estrellas
Porque el tacto de tu piel no reconoce otra cosa más que el aire
Porque el mundo se dibuja para tus ojos
Cada acto trivial
O acontecido bajo circunstancias nimias
Es sólo para que puedas presenciarlo
Si alguien tiene que morir
Es para que no sufras después otra ausencia
Yo soy tan sólo un dibujo más de tu mundo
        Yo me reconozco
Yo me reconozco en el fractal de tu mirada
Soy un color sin ser
El cristal primario que refleja tu luz
Y sé que en otro tiempo
Tal vez hubieses nacido para ser mi madre
O mi hermana
Pero estás aquí
Y puedo disfrutar de tus labios
Más allá de las palabras
Y puedes hablarme con besos
        Con mordidas
Quizás en otro tiempo

Hubieses sido mi hija
Y es esa sensación universal de una mujer
Una mujer que lo contempla todo
Que lo contiene todo
    Así te necesito
Yo
Un eslabón perdido
Un niño sin disfraz en medio de la fiesta
Un vivo entre los muertos
      Vivo
No sé cuánto tiempo atrás hace conozco de ti
Recorro tus imágenes dentro de mi cabeza
Mi memoria pierde la llave a cada instante
Pero hay algo de ti que desconocía resguardar desde hace mucho tiempo
Sublimidad
   Risitas
     Calosfríos
     Calosfríos
       Muerte
Muero a cada instante cuando te veo
Cuando te siento
Soy un muerto que revive con palabras
Y vos el vos a quien invoco implorando la vida
    Y la recibo
Y no concibo instante para gritar Te Necesito
    Yo
Dibujo en medio de tu sol
    Yo
Hormiguita en tu pradera
    Yo
Florecita en tu jardín
    Yo
Que tengo la dicha de nacer en tus pupilas
    Declaro mi mortalidad
Ante el milagro de tu ser

Julio 5

Después de otras lluvias, torna mi sonrisa a la fecha elegida para abrirle la puerta a nuestra historia; llega por vez primera y digo torna, porque la historia es circular y no plana como tampoco fue para decepción de sus habitantes: la Tierra.
Nos reconciliamos en el mes quinto, después de habernos extraviado algunas vidas, recordando ser hijos de un sol igual de curvo, y sin embargo quemamos como miles.
Hay una celebración interna este día elegido para amarnos, pero no es sólo el hecho de elegir, sino elegirnos y brindar como todos los días nuestro sol especial: amándonos.
El hombre de Vitrubio gustoso clama un abrazo y el árbol desprende una raíz en señal de comprensión, pues sabe de lo profundo de los pasos que destilamos y los secretos del cielo.
La estrella de David brilla fulgurante, dando cuenta del *darma* que nos llevó al sendero en nuestro encuentro.
"El misterioso" también tiene cinco fonemas que consumes en mente, mientras yo consumo siete, y se abren las puertas del cielo.
Mis dedos saben musicalizar tu cuerpo como vos lo haces con el mío; la melodía es exquisita si cantamos juntos el reencuentro y la fusión de un sólo cuerpo cortado a la mitad y unido por la fuerza de atracción. Entonces comprendemos a Vitrubio y los picos de la estrella y un tal Nahui Ollín, a través de nuestros cinco sentidos delirantes.
Zeus anhelante (desde que fue encontrado por el ojo de aquel galileo que no provenía de alguna profética tierra, sino de la locura) se encuentra dichoso y baila como Baco en compañía de Io, Ganímedes, Calisto y Europa. Celebran desde su esencia el instante en que nos reconocimos.
Por qué no seguir celebrado a diario nuestra fiesta.
Aunque el grato presagio de la Cábala no nos sienta nada mal entre los labios.

Julio 7

Sobre la *petite mort* se dice bastante; al rededor del globo se habla de ella, aunque para muchos sea todavía un mito, cosa de soñadores o yonquis, de algunos flipados o futuros candidatos a ser excomulgados.
Los científicos refieren todavía su tesis acerca de tensión-distensión, algunos imberbes monjes proclaman que es meditación, balance; los comunistas hablan de libertad (quizás espiritual), los capitalistas creen que los comunistas tienen toda la razón; tanto los biólogos como los científicos aluden a ella bajo el siguiente epíteto: química; los teólogos han leído alguna vez sobre filosofía oriental e imaginan súbitamente la presencia de dios o uno que otro ángel voyerista en medio del salvaje paisaje.
Lo cierto es que de vez en cuando igual que hoy, la pacha mama muere por un instante y agoniza no por causas humanas ni conspiraciones teóricas de *Green Peace*, sino porque hay amantes sobre su cuerpo, recorriendo y retorciéndose igual que un pez sin agua, mientras el aire se agota en la pequeña alcoba faltando asideros y uno desearía tener garras o ser pulpo para morir en paz después de la última tinta mientras tirita de amor. ¿Pero que sucede cuando horas atrás agonizamos y tornamos heridos a las casas?
La tierra tiembla, y es un secreto que la gente que no ama desconoce e inventan supersticiones como el de las placas tectónicas.

Julio 8

Neruda y su necrofilia no me bastan, no son suficientes.
Yo no puedo hablar de silencios más que en los intersticios que anteceden nuestros besos y se vuelve inevitable expresar que me encantas cuando hablas porque estás muy presente, y me escuchas tan cerca que mi voz te acaricia cercana y deleitosa, como si fueses diosa.
Parece que los ojos hablaran por sí solos y parece que un beso te abrazara la boca. Como todas las cosas, están donde las nombro, invoco tu presencia repleta de onirismos. Mariposa de sueño, te pareces al mundo y te pareces a la palabra alegría. Me encantas cuando hablas porque estás muy presente, y éstas como cantando,
mariposa
en el
                                      aire...
Y
estoy alegre,
alegre,
de que esto
sea
cierto.

Acudo al palimpsesto para que aquel chileno no venga a reclamarme, hago un rompecabezas y expreso tu camino, no a partir de la muerte aunque algún día tengamos que llegar.
Hay cuestiones que se deben cambiar si no me sirven para reconocerte.
Que el viejo comunista me disculpe si le ofendo,
pero yo le perdono porque no sabe de lo que hablo,
porque no conoció la verdadera universalidad de la mujer que amo,
y es una fiesta contemplarle de cerca.

La distancia es una melodía parsimoniosa y pulcra,
su presencia por el contrario es una alegoría de la vida,
por tanto uno sólo puede referirse a la muerte cuando nos reconocemos en la habitación,
en las aceras,
en el andar del mundo,
nuestro mundo.
Tengo que confesar que tampoco es muerte,
sino una gran tensión entre dos vidas,
sin embargo
el placer de tirar del ombligo
es saber que los viajes astrales ocurren de mi estrella a su estrella,
de mi boca a su boca,
de pupila a pupila,
como un saludo franco guiño y usted responde,
entonces sabemos que el mundo tiene otras aristas,
más cálidas, más sinceras.
La noche nos parece un alud,
una cantera,
y hay que extraer a besos el amor,
cavar, cavar profundo,
así lo hallemos desde el comienzo,
pero cavar por rebeldía,
por las ganas de hacerlo
y
reflejarnos.
Para todos los poetas que hablaron del silencio
les digo clamando a la sacra palabra:
"perdónalos, porque no saben a quién canto".

Julio 10

Hay presencias inexplicables como la de vos
en las cuales se torna difícil desentrañar el secreto
Es un mundo que recorro poco a poco
y lo contemplo

En las manos que posees
habita la esperanza y la buenaventura
imposible no palpar las palmas de tus manos
si al recorrerlas siento la paz con que me amas

La mirada no me basta para reconocerte
y tiendo a develar tu divinidad
debajo del velo mortal con que te cubres

Una brújula me lleva siempre hacia tus piernas

Desde tu manantial recorro tus caderas

Bajan mis manos igual que una barcaza
vuelvo a subir
debido a los afluentes
que me hacen atracar muy cerca de tu ombligo
quedándome a habitar un rato las costas de tu cuerpo
para luego subir

        te

       men
     ta
Len

al horizonte donde se mece el sol que me ilumina
Inmerso en los custodios de tu corazón
tiendo a presenciar tu sol
tus soles
igual o más dichoso que un ave en pleno vuelo
pero el ave se posa y se convierte en felino
acariciando
mordiendo en señal de buena fe
rasgando juguetón
como solo la misticidad del aura
que a empellones choca con la tuya puede hacerlo
de la manera más sutil y más sincera
a mordidas

Camino suavemente hasta encontrar tus hombros
esa otra bifurcación del paraíso
difícil elegir éste o aquél camino

Trazo la brecha que me lleve a lo más alto
a la lucidez de tus ventanas
a la casa que habito
no sin antes comerme una manzana
aquellos frutos rojos
con que hablas el lenguaje salvaje en mis oídos

Igual que el éter en un vaho llego a disminuirme
cuando fijo mis ojos en los tuyos
y comprendo que en realidad el universo es bello

El felino se calma por un rato
pero un arranque de dicha no se frena
y tengo que continuar recorriendo tu mundo
el único mundo real que me contiene

De tu cuello elijo esta vez otro camino
el que el espejo me ha enseñado
para llegar con bien al otro extremo

Estas manos que ya no me pertenecen
no a mi cuerpo sino al tuyo
recorren cuesta abajo la cordillera salvaje de tu cuerpo

un par de manos
dos palmas
veinte dedos ya no son suficientes
es entonces que mis labios se disponen a degustar tu piel
sabiendo hallar muy cerca la ambrosía

Llego extasiado al lugar que el felino ha elegido
a zarpazos
deslizándome
len
ta
men
te
para no hacer ruido alguno
pero la sed es cruenta
y acudo al manantial en medio del periplo
para sin darme cuenta estar en el anverso
saciando mi sed mientras la tierra tiembla
y se contiene y tiembla

Después de esos instantes
el universo concluye por renacer
cuantas veces tenga que estallar

Una lluvia de besos
de mordidas
de desastres naturales azota tus costas
tus costados
hasta llegar de nuevo al fruto rojo de tus labios
y continuar el coloquio en distensiones

No se sabe exactamente el momento
en que los cuerpos exigen contemplarse desde adentro
pues el entorno quema
y quizás nos fundimos
pero la tierra tiembla
y hay que aferrarse sin tregua hasta el final
hay que hablar el lenguaje universal de las anémonas
hay que ser olas besando la costera
hay que inventarse garras y otro nombre
si somos uno solo en ese instante

Julio 11

Charlo cada noche con vos también cuando te ausentas, sobre temas varios y variados, pero no podemos dejar de hablar de nos.

Me aconseja el espejo cruzar hacia otros lados, pero tú me conduces aquí o allá, y todos los caminos me llevan a tus labios.

A cuántas calles queda tu sonrisa, me pregunto en la vigilia, pero la respuesta que pondera en mis entrañas es otra sonrisa complementando la tuya, reflejada de frente en mis pupilas, igual que una luna reflejada en el agua.

Sorprenden nuestros pasos cualquier tarde, el trino de las aves, el aleteo de las mismas, lo estival del sol sin asidero; todo el mundo se forja en nuestra mímesis, toda sombra parece ser la nuestra y no es como ninguna.

El árbol abuelo quiere ser semilla y nacer de nuestras manos que siembran como un dios; la hojarasca extiende con temple el suelo, como buscando el sueño de los desposeídos, cantando las alforjas en que niegan a partir por embaucarse en la dicha de marcar nuestros pasos.

No hay elemento más vital que el agua y la llevamos marcada en cada poro. A raudales nos llueve cuerpo entero, llueve y el beso nos codicia, por eso llueve más hasta decir tormenta, mas no tormento que suplicio llano es el beso que nos nombra.

Cómo no mojarse en esta tierra o en la otra si de cualquier forma termino por referirme a vos aquí en mi sueño o en aquel otro más profundo, y cómo distinguirlos si tu imagen es sacra y tu cuerpo un caudal de basta fiesta, un encanto ritual que por natura devela gracias de antiguas mandolinas.

Julio 12

¿A qué sabe la historia?
Me refiero a la nuestra que surgió
de repente como un caudal reciente nacido de la lluvia.
Todo tiene sus pasos, sin importar las huellas desconocidas por el otro
que hoy nos acompaña. El recipiente que nos contiene es transparente y somos
lluvia siempre al borde del canto, testigos de unos labios que saben a pasión,
amando la vida como se ama un ser recién reconocido, a través del calor de
cualquier tarde, en medio del periplo en bicicleta o sonriendo virtuosos
bebiendo en algún café de ésta ciudad o cual-
quier otra de la que seamos dueños por medio de los pasos. Y el círculo parece
una es-
piral recién habitada. Y sin embargo sabemos el camino al recorrerla juntos,
sabiendo   que untropiezo es tan sólo una coma, para continuar narrando
nuestra historia, a
partir de tu voz o de la mía. Qué importa, si cantamos la misma travesía
cual juglares contando una epopeya. Nuestra historia se encuentra
contenida en un gesto, una mirada, un beso, un abrazo,
en cada acto de amor que nos resguarda

Julio 13

Anoche mientras pensaba en reaccionar ante un hecho pueril, me ganó el niño y eché a andar a toda prisa, apenas miré hacia tu ventana. El corazón me late aún después del recuerdo vivido o del vívido recuerdo, pero qué importa ya si todo eso fue una elocuencia de joven y mis pocas canas creí no me lo permitirían. Allá en aquella calle oscura reí nerviosamente por la incongruencia de mi acto último y la desfachatez de poseer un cuerpo extraño, y es que vino a mí tu imagen y un sentimiento que sólo el amor puede explicar. No dejé de pensarte, extrañarte, hasta creer que había sido un sueño, pero ese sueño me llevó a tergiversar la realidad al punto de sentirme triste por querer comprobar tu existencia y saber cuál era en realidad el sueño, sabiendo que no era la fe la que me hace sonreír sino el mirarte, y que el escalofrío que recorría mi cuerpo era tu ausencia. Respiré no por necesidad, sino que fue un suspiro que contenía tu nombre y hacia la madrugada torné de vuelta a casa con estos tus ojitos y corazón sonriendo. Atrás quedó la tragedia. Deseo ya amanezca para verte otra vez.

Julio 20

Nacida
de las entrañas
de algún profundo árbol surgiste.
La tierra que te contempla resguarda tus recuerdos en cada flor,
cada montaña,
en cada amanecer.
Un eclipse antecedió anunciando tu llegada
y fue el ojo de un dios a través del sextante.
El árbol que te ofrendó su savia se nutrió de los más sabios ríos para concebir
la armonía que constituye tu esencia.
Voces de antaño murmuraban el sitio en que sonreirías por vez prima,
y las ceibas no mienten, sino auguran.
En otrora un pez había nacido ya
y recorrido los ríos en busca de aquel fruto que la palabra rayo dejó tras el
relámpago,
llegó hasta la planta de tus pies para volverse ave
y emprender el vuelo hacia la comisura de tus labios para sembrar allí algún
poema,
algún canto que nombrara el recuerdo
del encuentro solar
reflejado
en

       el

            agua.

Julio 21

Estas horas de paso en medio de la noche me recuerdan al tiempo que se mece en el péndulo. Esta ventana mía no reconoce el rostro de la ciudad dormida, mientras hormigas andan recorriendo su cuerpo. Mis ojos ... ¡qué delirio! Quiero decir los tuyos que aprecio con los míos y es que es el mismo acto a través del espejo, sin la naturaleza de las aves de paso que acostumbran llegar al sitio más lejano para sentir su cuerpo a través de otros cielos. Como que paso nunca en el lugar de siempre, poblado de recuerdos tal vez de otros ayeres o surgidos de un pozo donde el agua se estanca y lo refleja todo. El ruido de algún paso llega tarde a la sombra que acaba de partir junto con el chasquido que antecedió el relámpago. Pero la luz se palpa a través de tus manos y el sabor del destello inmerso entre tus labios para gritar luciérnagas en medio de los besos que constituyen notas nacidas del haz primo en el alba.

Julio 22

Surge la pía gracia de la tarde entre tus manos benditas, mujer. En tus ojos amanece sin tiempo la cualidad e indulto de la vida, la extrovertida causa de los días que tu sonrisa baña de alegría y uno que otro transeúnte clama la libertad que ejercen tus pupilas al nombrar la unión de la utopía. La palabra, el nombre elegido contendrá el lenguaje de un más allá en la frontera de lo desconocido. No tengas miedo que yo caminaré contigo hacia el umbral en el que el cosmos elija renacer bajo aquella palabra que aún no nombro, por ser la más auténtica, nacida de la boca de un Dios decidido a revelar el secreto que negó hasta el encuentro. Estallará en nuestras bocas la palabra, y con ella el secreto de la vida. Nacimos al encuentro, somos árboles, esplendorosos árboles abrazando la tierra.

Julio 24

Igual que aguarda la primera lluvia el campesino, la primavera el ave que emigró desde lejos. De la misma manera que el sol dibuja un arco iris como sonrisa envuelta entre las nubes, así de frágil y poderoso es nuestro encuentro y la espera que resguarda la esperanza en que depositamos nuestras mejores fragancias como recuerdos y anhelos hechos carne, pedacito de universo convertido en canción, y la cantamos alegres, al unísono de un mundo en que eligió nacer, en que nacimos. A Dios mis ilusiones entrego, y vos eres la casa de ese pequeño dios o diosa contenida en tu inmaculada pureza. Adiós, adiós incrédulos si el paraíso perdido lo he encontrado en tus ojos. Si el infierno existe lo reconozco en la intimidad de la alcoba o cualquier sitio en que amarnos decidamos y nada más. De entre millones de seres sólo podías ser tú quien concibiera el amor con amor y expresara te amo... amando. Quien besara a través de una mirada y se parase a apreciar el paisaje con la misma visión de la balanza, con la misma voz del río en su cauce. Fresca la memoria que me desterró con un beso de la sociedad banal. Hermosa la caricia en que me reconocí como igual y más humano y puro. Mi alma es una fiesta donde se regocija tu imagen de mujer. Y digo mujer y no existe otro significado más exacto que el de reproducir tu imagen a detalle. Y digo amor para inhalar el aire puro de tus besos. Y digo vida, para resumir la dicha que me invade.

Julio 26

Cómo no soñar despierto, si amo con locura a la mujer soñada.
Cómo no creer en milagros, si la vida da vueltas y vos llegaste como lluvia a la tierra y eres vida y eres eco acariciando con melodiosa voz cada intersticio del mundo en que nací.
No cabe duda que llegué para crecer contigo. Después de un largo éxodo aparecí en tus brazos para redescubrir, para reinventar el mundo. Lo dibujamos perfecto entre miradas y besos: nuestros pasos.
Fortuito el firmamento que acogió en su regazo a la mujer.
Bendito el vientre que alumbró tu llegada.
Bendito el instante en que te conocí.
Oh, mujer!
Mujer que llevas en la boca la palabra perfecta, que llevas en el pecho el anhelo innombrable y en el vientre el fruto más hermoso. Mujer que llevas en tu encanto los proféticos augurios de la aurora.
Cómo no amarte, si eres todo eso que el mundo creyó haber perdido.

Julio 27

La madrugada y sus gatos sin rezago que encantan las baldosas a su paso. Todo parece una sorpresa en la diáfana calle de los sueños. Acabo de besar una sonrisa, mientras un beso recibía la mía y no refiero ya únicamente a mi sonrisa, sino a este corazón que habitas y que amas, de igual modo con dichosa alevosía con la que se hacen realidad las sepas del deseo, para surgir inevitablemente del sueño de los justos convertida en canción.

Julio 28

La espera es la distancia, la medida, la esperanza. *Eidolones* vecinos emigran al olvido. La caja de Pandora se ha cerrado y la serpiente adentro duerme mordiendo su cola. Hoy es el día perenne que resguarda el encanto. La lluvia me susurra desde otrora el instante perpetuo de tu llegada hace siglos, cuando nacimos del fondo de la tierra para reconocer los pasos que dejamos un día escritos en la arena. El espiral inverso contiene la nostalgia, el séptimo día y la luz. Hemos llegado al punto álgido y hay que comprender que existe el infinito, que no tiene final sino omnisciencia y comienza en los ojos que dibujan el mundo, y palpita en los mares que acarician las costas, que aseguran los besos tejidos por los versos. El centro, la espiral, es el ombligo. Un conjunto de notas componiendo otra voz de más adentro, de la distancia presente y sacra en que descansa la llama de nuestro amor.

Julio 29

Que sólo albergue en nos la dicha exacta
La parsimoniosa vida de los días
El reloj esqueleto que se queda sin dientes

No hay que perder la historia ni los zapatos
El intersticio en el que el sol habita es una niña
Sus rayos refulgentes serán los días del calendario

Tu sonrisa
Cómo negar tu sonrisa
Cómo no aferrarse a la vida después de transmitir tanta dicha
Tanta bondad

Y no importa si los pasados son turbios
Si las aguas mansas escurrieron en la fuente
Si se fueron en la corriente
Eso no importa

El presente
El presente
Hoy es hoy y el mañana no existe
No me digas Te amaré para siempre
Dime cada día que me amas
Cuando desees el Buenas noches habrás deseado la muerte pequeñita

He recibido las noticias de una afable familia
Y tal parece te he visto
Y tal parece la historia se ha arraigado
Es el sollozo perfecto

Cómo no declarar la existencia de la vida
Aunque parezca un pleonasmo
Pero se llamará como nosotros queramos

Entre sus deditos jugaremos
Contaremos las horas
Y no quedará más que nuestros besos
Nuestros abrazos
Resumidos en ese pequeño corazón
En ese pequeño dios o diosa

No hay tergiversaciones
No hay malinterpretaciones
Únicamente la dicha
Siempre la dicha

Hoy es hoy y ayer y mañana es nunca
Es jamás
Puedo decirte Te amo
No Te amaré porque te estoy amando sin tiempo
Y beberé de tus labios cada vez que tenga sed
Cada vez que el manantial en medio del periplo me recoja
Cada vez que tus brazos se extiendan
Para rejuvenecer mí prístino retorno

Julio 30

El día está naciendo y el canto de un gallo anuncia su llegada, aquí y en otro sitio, bajo la misma voz. Y vos, a ti yo canto con mis versos. A ti yo nombro en mi canción, recordando el enigma de otros días puestos al sol sin agonías, repletos de congojas y artificios, como sólo el amor sabe nombrar. Y recuerdo naciente otras auroras, bajo los mismos rayos sempiternos que el día a día sólo pudo nombrar, pues la palabra remite a tu llegada cuando cierro los ojos viendo únicamente a vos, amaneciendo dulce en el encuentro de dos almas dispuestas a nacer.

Agosto 1

Todo acto consciente es un acto de fe
No cabe la fe de erratas ni siquiera en el nihilismo
Amor amor y nada más que amor
Los cíclopes no existen pero si los tres ojos
Y es con un tercero con el que puedo verte más allá de mis sueños mucho más allá del alba
Soy uno del montón que decidió no creer en lo tangible
Soy uno más del montón que siembra para cosechar
Soy completamente humano y amo como humano
Me reconozco y recreo mi más pura visión de homínido hermanado con su casa

Mis piernas fueron hechas para reflejar el tiempo en huellas
Un alquimista también soy

Soy la sociedad que me resguarda y el desierto que me oculta
Soy la torre más alta y la palabra Soy

Soy el pueblo que mata por libertad y la mujer deseando ser mamá.
Soy eso que respira la amada y también lo que piensa.
Soy la palabra Mujer y una mujer llamada Adelita

Agosto 2

Hay historias que delimitan horizontes
Historias que atraviesan continentes
Hay historias que sucumben ante el caos
E historias que quedan en utopías
Dime vos qué nos limita
Si el horizonte es tan sólo un punto y coma
Si son los pies quienes deciden el rumbo
El corazón quien decide envejecer
Las sonrisas vertiendo la esperanza

¿Qué limita nuestra esencia mi alma ya de antaño la tuya de carmín?

Agosto 3

Qué será de las hojas que se caen en medio de la tarde
De la sangre que fluye a mitad del recuerdo
Del beso bienvenida
Qué sería del mundo sin tu aroma de primavera y brisa
Qué sería de mi sin vos
A qué dios universo reloj o espacio le debo el tiempo que te nombra
Compañera hermana madre amiga
A vos debo la vida

Agosto 4

He caminado por las calles más oscuras, por los sitios más lejanos, convivido con humanos y uno que otro ser ultrarerreno.
Yo no soy sino el concepto, la palabra y mi propia pluma.
Soy quien escribe mi historia y creo haber hallado la llave de la siguiente puerta, creo haber encontrado la tinta que continuará mi historia.
Soy la balanza y vos el elemento.
En mis manos están tus manos y sobre tus huellas mis pies.
Yo no soy una postal del Tíbet ni la foto del recuerdo.
Soy un humano empapado de vida y más humano al punto de no serlo. Soy el ángel que creyó en lo terreno, con las alas consternadas de tragedia y

voluptuoso apetezco las horas de cualquier paso al final del ocaso.
Sueño igual que un dios errante, con las pupilas bañadas de nostalgia.
No puedo perdonar porque soy carne y consciencia; una masa fortuita ya planteada.
Sólo sé amar, mujer. Sólo sé amarte, sin importar el rumbo o la premura.
Amo a vos porque naciste para ser amada y yo nací creado para amarte.
Ésta es la vida, amor, que sólo es una.
Esto es amor, mujer. Así es la vida.
Vos eres dicha, amor, y yo el dichoso.

Agosto 5

En mitad del sueño llegó un cocodrilo a invocar mi nombre tu nombre que hoy es uno
Cómo rescatar la plusvalía del sueño si no te palpo aún al renacer
Si mi memoria forja integra tu imagen tu sonrisa
Qué delirio
La letanía continuaba y tu sonrisa igual o más sincera se resguardó al fondo de mi corazón fortuito
Cómo arrancar el tiempo sin desgana
Compañera la madrugada ha alzado su voz y el sueño comenzó en algún lugar

hace tiempo mucho tiempo atrás
En algún sitio alguien sigue durmiendo
Nos sigue soñando

Agosto 6

Sé que este número impar berréa con tu idealismo
y sin embargo no me olvidé aunque lo callé
Fue cinco amor fue cinco
Había una recta
una esquina cerrada que dobla como callejón
hacia la costa
donde uno se encuentra con la curva peligrosa
y nada importa si no arriesgarse
Nada es más importante sino el riesgo ventajoso de seguir viviendo

de seguir dando todo hasta las últimas notas
por más agudas que parezcan
La omisión no sirve de progenie
sino que nos vincula con la vida aunque a tierra sepa cada paso
Vos sólo recuerda que la vida no permite errores
Y que el amor es la medida de las cosas

Agosto 7

Dragones, mandrágoras, gárgolas. Todo eso es una epidemia de risas y lisonjeros. Qué importa si el edificio es alto, lo importante es llegar hasta la cúspide. No te ofrezco parábolas ni colores alegres, menos aún un rosa mexicano, pero te aseguro que creceremos juntos, que aprenderemos a vivir viviendo más allá del corazón y la cartera, que el amor no faltará, así tengamos discusiones y disposiciones argumentativas. Habrá siempre algún, alguna cobarde, que intente vendernos distopías, pero la utopía que en realidad te ofrezco, no sufre ni carece de arrebatos o fecha de caducidad. Vos sabrás siempre, siempre, aunque sea en el fondo, que mi amor es amor y es sincero y que no adolece del corazón o la sinapsis. El anillo que vos portas es símbolo de ello y que ningún papel, así contenga mi firma, validará el amor que por vos guardo. Amor amor te digo sin desgana; mi niña, mi todo, externo a pleno ser. Y te digo te amo, aún sin penitencia, pues jamás hablará ninguna voz por mí.

Agosto 8

La ciudad me invita a renacer
Una mujer me espera
Su corazón me aguarda
De cuerpo entero grito su nombre

y develo el paisaje que te nombra
La mañana es afable
y no me niega el verso ni el beso
que te otorgo
ni tu sonrisa fiesta o tus ojos canción
La ciudad me invita a renacer

Agosto 9

En el umbral de tus pupilas habita una niña y no es la de tus ojos.
Hay una pequeña niña que no puedo dejar de admirar, de amar, así tenga

frente a mi a la mujer amada, a la madre más bella. Pero es inevitable no observar a través de tu ventana y descubrir que hay una belleza más profunda y más diáfana.
Qué palabras decirle a un ser tan sublime como vos.
Qué caricias hacerle con el cariño que llueve de mis manos a vos, de mis labios a tu más pura sonrisa, esa sonrisa traviesa con que iluminas mi vida.
Tus manos sobre las mías son un abrazo fortuito, una caricia constante que resguarda la dulzura de vivir y esa es la vida.
Mis más humildes palabras son un tributo a tu ser, a esa calidez humana que no puedes ocultar aunque quisieras. Mis labios no conocen las palabras, la amplitud de mi ser sabe que el "te amo" miente, pues estando despierto o a mitad del sueño siempre estás tú y ese algo innombrable que mi ser no puede develar aún.
Cómo llamarte sino es a besos.
Cómo expresarte sino es con la yema de mis manos, lentamente.
Cómo no amarte.

Agosto 10

Hace tiempo te esperaba y quizás te soñé
Hace horas que me faltas y por eso te soñé
Hace minutos despierto y es cierto que te extrañé
Pero no dejo de hacerlo sabiendo que eres el sueño la justeza del sueño la nobleza del hombre
Sabiendo que eres mujer y que en tu mirada habitan las esperanzas fortuitas
Y que eres Adelita la niña más amada la mujer más admirada la dueña de mis amores
El cauce del río que soy vos eres
Eres la vida convertida en canción y te canto
La canción la melodía que eres también soy
Esta parte de la mañana siempre es la más difícil
Ay pero cómo te extraño

Agosto 11

La noche no es negra no lo es
Hay en la calidez de la caída

un sopor inquebrantable
una pizca de dulzura y candidez
que lleva a despertar deseando ser
el manto
la estrella fugaz que ameniza el paisaje
y la sonoridad con que emerge
es plácida ternura
La afabilidad del encuentro con el niño-adulto
es una jovialidad semiterrena
El abrazo afable con que alcanzó a comprender el mundo
me hizo saber que mi ignorancia es irrisoria
y sin embargo el encuentro fue tremendo
Como cada día tarde y noche
vos estás conmigo
y aquel niño-hombre lloró conmigo
pero dándome fuerzas para que yo no siguiera
Cómo no admirar la vida amor si ya la tengo
es una congruencia fraterna amor
que apenas comienzo a comprender
pero sé que con vos aprenderé a reír y a llorar
por qué no
de la mejor manera
Dime mujer ojos de niña
cómo negar que te amo porque sí
porque me lo dicta la vida
[desde que te puso en mi camino
y yo no soy más que la partícula
[que se negó a morir
para seguir viviendo
No puedo rechazar el regalo que me brinda
si la muerte es mi amiga
y me invita a vivir
para que algún día
uno de estos mañanas del calendario
pueda morir en paz
Morimos como vivimos
Y que el tacto de la palabra Muerte suene estruendoso
para bailar la vida amor
para bailar la vida
Mira mujer ojos de niña
yo sé que usted comprende con los poros
comprende que la amo
Yo sé que usted me ama
me lo dice mi cuerpo
me lo dicen las flores

el paisaje
Todo lleva tu aroma mujer
Todo invita a nacer amor
Es mentira que olvido
No señora
amada mía
no es así
pero también lo es
La verdad está resguardada en mis labios
en mis manos
mis poros
La verdad es la que vos escuchas
cuando tan tiernamente te acercas a mi pecho

Agosto 12

No soy más que el viento y las calles que componen tu cuerpo
Habito tus pupilas igual que el mar el mundo
A vos mujer que resguardas la vida
Yo te entrego mi calma mi cuerpo mi amor

Agosto 13

La melancolía no cuadra con mi asepsia, con este hombre nuevo que soy y que te ofrezco.

Nada parece girar al rededor y todo gira.
Nada parece estar mal pues todo cuadra.
Vos sonríes y la melodía es dulce.
Vos me observas y mi corazón sabe de ti, sabe decir Te amo, sabe a ti.
Hoy me veo en la necesidad de reinventar el lenguaje para poder decir te necesito, me alegra que estés aquí, aquí donde te pienso con los labios, te lloro a besos de alegría, a corajes de pasión, a deseo la muerte si es con vos.
Cuántos sabores cargo y tengo que degustar de esta vida, de la oportunidad de vivir que hoy me ofreces, de la fiesta que gozamos en cualquier sitio en que nos encontremos.
Qué hermoso y qué nimio es el lenguaje; puedo decir palabras como cánticos, versos elementales, palpitantes; puedo decir al fin: hemos llegado. Y sin embargo es sutil tu acogimiento, una caricia de árbol abrazando su casa, el resto de su cuerpo. Todo parece normal y más que calmo. Todo parece flotar y en el estómago uno sabe perfectamente qué son las mariposas y porqué se originan si te nombro.
Hoy tengo muy presente el deseo, la suma, el tiempo y espacio que habitamos, la claridad por cual caminas, la energía que gastamos y los besos que nos damos.
Ti amo, i love you, je t'aime, te amo. ..

Agosto 15

Puede ser que las tristezas sean las que respalden las sonrisas, que los enojos estén detrás de la alegría, y que la amargura sea el principal ingrediente de cualquier dulzura. Puede que pueda ser. Tal vez...
Pero de qué otra manera saberse feliz, dichoso, calmo; en otra palabra Pleno, si no acuden a nos los malos ratos.
El instante en que tenga que emerger un buen momento ... bienvenido. Si la noche nos llega y camina a nuestro lado, ¡qué dicha!
Mujer, en la oración de un Te amo, está no sólo mi amor, sino mi pasión y mi respeto; está mi corazón que ya te pertenece y mi pensamiento que también es tu casa.
Hemos nacido al encuentro y hemos llegado.
Palpita en tu vientre la memoria, nuestra historia y la del resto de la humanidad. Llevas amor también en las entrañas. Eres vida y amor y lo que soy te lo debo también desde la ultranza.

Agosto 16

Observo cómo tu rostro toma nuevos matices y dentro de ese aspecto nuevas Adelitas surgen pero no, esta vez no es la guerra a donde van, sin embargo no dejan el valor y la diáfana sonrisa.
Mujer, en vos habitan las esperanzas tangibles y aún no tenemos nombre.
Hay besos, hay palabras que le nombran, pero parece irreal el artificio pues su evocación no invoca, aún no hay palabras que le describan.
Es eso y mucho más lo que en tu rostro brilla, emerge del corazón y comienza a brotar otra belleza más pura.
Tu corazón comienza a relucir haciendo llover inversamente tu más interna belleza, pero no estaba tan lejos, sino a tan sólo 3 centímetros de tu epidermis terrena.
Pero qué sublime es tu nuevo rostro.
Amor, sigo soñando.

Agosto 17

Una brisa tus besos en mi rostro
Relámpagos tus labios cuando te acercas y me robas más mucho más de un suspiro y es ese letargo susurrante en el que inmersos saboreamos la victoria de sabernos vivos de deleitar la esencia de otro cuerpo una extensión de vos y mía mía y de vos de nosotros
Emana la memoria y se aglutina se desprende
Llueve
Llueve y la memoria es el rocío de un manantial proveniente de otro tiempo

Agosto 18

Somos el verso que se mece entre los labios de un gigante que sueña
Somos la canción que todo el mundo cree saber aprendida
Somos el suicidio y el génesis la rebeldía social la vida
Somos humanos y más que humanos
Somos amor amor y mucho más que amor

Agosto 19

La intemperie dejó de oler a humedad
a tierra
a nostalgia
Será por eso que no llueve
porque su fruto ha hecho crecer nuestra semilla
y el germen de la vida es su regalo?
Pero llueve en tus ojos la infinita belleza de la vida
las ecatombes de belleza fortuitas
lo palaciego de tus besos y también de tu sonrisa
En tu regazo siento el olor a lluvia
a tierra mojada
a encanto de una vida vivida y por vivir
Es en tu cuerpo donde habita la esperanza y los más prístinos deseos de haber hallado la sonrisa que hacía falta
los juegos del niño que meditabundo aprendió a caminar sin importar cuánto haya quedado atrás porque la melodía de amor es lo único que vale la pena escuchar

Agosto 20

La divinidad que existe en ese pequeño intersticio
que habita de tu mano a mi mano
de tu dedo hacia el mío
es el pleno ascenso de la memoria a la vida
Es el puente que comunica los sueños con la vida
Y es que vos ya eres una parte de mí
una extensión de mi
de mis entrañas
desde aquella explosión que nos hizo sentir
la frescura de la tierra en nuestros pies
Desde el manantial que compone
nuestra esencia de lluvia y floresta siempreviva
Mi hecatombe
mi numen es lo que eres
y familia lo llaman los mortales
Por qué he de codiciar cosas mundanas
si dios se encuentra en vos entre la comisura de tus labios
en tu vientre
Mi casa es tu cuerpo
tus sentidos
He vuelto a renacer en tu mirada de niña
a cantar el memorial sonido de la tierra
Soy un humano hombre
y también una mujer que complementa
Soy la humana mujer que siempre lucha
y también el niño hombre que la aguarda
Somos el íntimo secreto de la vida
Amor es lo que somos

Agosto 21

Gracias por la sonrisa con que besas mi alma
por la partitura con que calmas mis sentidos
por la mirada que hace sentir que vivo
que estoy entre la gente más linda y más sencilla
la más rica
más virtuosa
Gracias por hacer del espejo mi casa y de mi corazón tu hogar

No hay reflejo más fiel que el de tus ojos sin tiempo aquel donde habitan los destellos de la vida a partir de la niña más pura y sencilla
la más llena de amor

Soy el ser desnudo que te besa con miradas y pensamientos
el padre ansioso que aguarda con ternura para declamar su amor por las mujeres que ya amo
Y si llegase a ser niño eso no importa
será también la mujer que le dio vida
Gracias, Vida
Gracias, vida

El tiempo es sólo un pretexto para reconocernos

Agosto 22

Caen como remansos los dichosos porvenires que saben a lluvia y trementina
Desde mi boca nace el canto de la vida
y la distancia es la necesaria para saberse justo
y más allá de la justeza llueve en nuestros cuerpos la inmaculada suma del uno mas uno
del matinal percance que es la vida
Sabe a ternura y buenasuerte el estertor de una tierra fértil
La estrella virtuosa que examinó el buen tiempo para caer en medio de tu vientre y nos iluminó en medio de este falso abandono es la misma que da nombre al renacer en medio de este viaje de la conspiración que nos juegan las moiras y el suave encanto de los sueños que transcriben las delicias de los días
que nos quedan por vivir
y vivimos sabiendo que viviremos siempre
siempre Unidos

Agosto 23

Eres la verdad más exhaustiva
El motivo mejor provisto de araucarias
La floresta no es el mundo si no existes para verlo a mi lado
Para revivir el tiempo a partir del instante en que nos reencontramos como equilibristas sobre el tenue hilo de la vida
He decidido otorgar la mía a tus ojos
En cuya balanza el mundo posa y se dibuja
Los días no son ya sino el péndulo que vocifera armonías inconclusas
Pero el artificio
la pieza clave de la vida está en tus manos
En tu sonrisa que no guarda otredades
Una hoja cae y es otoño
casi otoño
La natura comienza a renovarse igual que nuestros cuerpos distendidos al sol
y al aire puro
Mis pies no conocen más camino ni rumbo que el de tu fortuita presencia de augural sabor a tierra y sol
A luna y luz tenue
situada entre las nubes de un glorioso espacio infinito y fecundo
Soy el ser desnudo
humano
El eje de mi propio esqueleto que hoy ríe con la muerte que le hermana
Y tengo la seguridad de un mundo nuevo al alcance de mis labios abrazando tu cuerpo
De mis manos sublimes si te siento bajo mi piel
Sobre mi piel
Y en medio de mi corazón que de siniestro únicamente tiene el lugar donde lo guardo
Pero ya no guardo nada desde que vos llegaste
Y éste corazón también te pertenece
Yo moriré contigo cada noche
para revivir dispuesto al alba que me otorguen tus besos y tus manos
Yo me desintegro
Yo me renuevo
Soy la partícula que contiene tu tacto
Tu esencia prístina
Soy un Nosotros y un tercero que invocará el eterno manantial
de lo ideal
de lo indecible
de lo sublime
de la lluvia y el fuego que nos nombra

Agosto 24

Mira que los días nacen igual que hoy
Los hay felices muy felices y tristes
un poco más tristes
Pero el mundo gira y la ruleta

quizás intenté decir runa

Y el bucólico aliento de los días hace más claro el sol y más blanca la luna
Es una devoción tan extasiante
Quizás igual si la comparo con haberte conocido

Noches enteras creí haber hallado el tono justo de mis alevosías
sin saber a paso y huella si vendrías
Pero el pretil es cuneiforme y no requiere de tendones ni aparejos
Sino de los pies y el viento si se pretende volar
Sino de la savia imantada si se pretende creer
O de los relojes rotos si queremos renacer

Que se queden sin voz los sinhabidos
Que los calle la tregua melodiosa de la corriente fáustica
Si es que no llega antes el sol a tapar sus edades con el rayo pueril que juega y mata
que asesina

El defecto del pasado es igual que un espejo roto
Uno se maravilla cuando refleja y proyecta un cálido aparente rayo casi tangible
Pero muchos sabrán ya que si llegases a cortarte con la orilla
ese trozo de espejo se convierte en un arma
en una caprichosa y sideral mancha de sangre

Las serpientes no dejan de existir e incluso han sido dioses
Es la cabeza la que debe cortarse para avanzar dos tres pasos
hacia los amaneceres allá en el medio del llano
de la llanura
Habrá que recostarse sobrios aguardando la lluvia

Agosto 25

Antes mucho antes fui también una semilla igual que vos
Mucho más atrás quizás fui un ave un equino un can un toro alguna bella mujer
Y su sonrisa
Hoy soy el amanecer los Buenos días el viento que despeina y la mujer amada
Hoy soy el fruto de tu vientre que se dibuja ante vos como un relámpago que lo abarcase todo
Soy el mundo que recorres y vos eres la brújula y el mapa la clave
La esencia de mi carne de éste que soy y lo que he sido
Con vos y en vos
Eternidad es lo que somos

Agosto 26

Miles de distancias recorridas
Aguardando la señal divina
Shanti recogió el primoroso eco
Ya es el principal motivo
Adelita en mi sin mi conmigo
Diego es mi sed mi ser mi nombre
Te esperé años cada noche e
Iluminado aguardo en tu sonrisa

Agosto 27

Inmersa en la inmensidad del vasto mundo, quiero proponerle a vos un pacto: siempre vestirnos de universo; combinar el talante con buen augurio, vestir de río una vez al menos por semana; portar océanos en las pupilas y calzarnos de nubes para poder llegar más pronto a casa (quiero decir con vos, claro de mi parte y viceversa). Me parece que siempre olvidamos vestir el corazón, por eso a algunos se les muere de frío, para tan delicada extensión del alma, le propongo a usted vestirlo de alba, así irradiar siempre su peculiar calidez de selva y lluvia, de floresta imponente, de fauna alegre. Hay dos piezas sin las cuales quedaríamos desnudos o moriríamos inevitablemente de ocaso o de ocasión: habrá que portar siempre un beso, muchos besos y abrigarnos muy bien de igual cantidad o más de abrazos, tan solo para sentir la calidad fortuita de la vida, el tintero de los sueños y por qué no decirlo: sentir su amor y usted el mío. En otras palabras, para sentirnos eternos. ¿Qué me dice?

Agosto 28

Tiene sabor el tiempo cuando estoy a tu lado
y es que saberte plena me resulta increíble.
Sabe a ternura el roce de tu piel, a alegría el abrazo de tus labios.
Saben a plenitud los pasos que hemos dado
y a renacimiento cada paso presente que desemboca en algún sitio elegido
para reconocernos.
A tu lado el recato parece ser un adjetivo verdaderamente ufano, si el
trasfondo es un paisaje repleto de rocío y caricias pluviales.
No hace falta nostalgia más vital que la de un momento entre tus brazos.
¿Quién se atreverá a negarme la claridad del sueño?
El tiempo es relativo cuando el reloj se muestra a través del amor y una mujer
que lo contiene todo.

Agosto 29

Partimos una tarde sin saber qué encontraríamos y el sol de las dos, posicionado tenue aquella hora, revelaría el primaveral, el augural suspiro.
Vos cruzabas apenas las aceras mientras yo me afanaba en contra del reloj.
Levantabas la mano en señal de reconocimiento y yo te respondía sonriendo a tu llegada.
Parados ahí frente a la barra, elegíamos un par de cafés y panecillos mientras pactamos el segundo encuentro sin haber comenzado el primero, desconociendo que el encuentro y el pacto no era únicamente decisión de los dos. Vos una bebida fría sino mal recuerdo elegiste, yo un café caliente y lleno de sabor, pero al escuchar tu voz algo cambiaba.
Nos sentamos de frente, a la guisa de entrevistador y entrevistado, pero entre los dos algo pasaba y ese algo o alguien superior a nosotros, nos ponía de frente para reconocernos.
¿Hace cuántas vidas te habías ausentado, nos habíamos perdido?
No era tu porte femenino que destierra otredades, sino tu voz, tu faz, tus manos.
No era mi intención ser un tercero en el tablero de tu vida, o que vos fueses la tarde de ese día o de otros y mucho menos del resto de mis días, pero tus ojos, esos ojos demostraban a un ser inmensamente bello y la connotación que emanaba tu encanto, parecía partir de ningún tiempo. Me era incomprensible el brillo de tus ojos, el tono de tu voz, la delicada reliquia resguarda tu pecho.
Conversamos un poco y los granos de arena del reloj me causaban cosquillas.
Reímos un instante, y yo no deseaba que acabara, pero la hora llegó.
Caminamos un poco en busca de tu historia; llegábamos puntuales, pero ésta mi esencia llegaba al portal de tus ojos y le era inevitable expresar su sentir.
Nos despedimos prestos a seguir nuestras vidas, ignorando el comienzo de una nueva.
Es cierto ... había algo de mágico en aquel café.

Agosto 30

La madrugada me ha traído tu calor y los sueños un efluvio de emoción y de ilusiones.
Amor... lo que por vos siento es una estrella refulgente en mi pecho, un sol, una galaxia.
Siento un cuerpo militante de amores: sereno, bravío, tibio, dulce, ardiente.
Vos tendrás presente igual que yo la calidez de nuestro abrazo,
la casa que habitamos con un beso,
el mundo que pondera a nuestros pies,
la apología que componen nuestros ojos.
Masyadti, amor,
Masyadti!
Vos comprenderás que lo eres todo.

Agosto 31

En este sitio que me aloja quiero decir pájaro,
árbol,
flor,
fruta madura.
Quiero vientar las casas que no habitaré jamás, enraizar las hojas a través de tus ojos,
estrangular las pipas que alguna vez fumé.
Desde este sitio,
amar,
amorar los templos de la casa celeste,
cocodrilar las vetas profundas
y morderlas,
digerir los ríos
y al cosmonauta incólume que partió alguna vez.
Este sitio es mi cuerpo,
son mis manos,
es éste corazón que sostiene tu palma,
es mi sombra y tu sombra
y tu sonrisa.
Este sitio soy yo.
Un extranjero que extrañó su morada,
la piel amortajada, amordazada de recuerdos de infancia
y sueños de vejez.
Situado en tu epidermis he encontrado mi sitio.
Al roce de tu piel han cantado mis manos
y la naturaleza salvajéa mi sien,
mis cien motivos de morderte los labios
y la boca armoniosa que la vida me dio,
erosionar los ecos de las voces ya muertas, traspapelar los llantos pluviales de mi carne, eyacular los soles que me queman el alma, depositar un beso en la vacuidad que no el vacío
y morderte los pies,
aletear con mi lengua el suspiro enraizado en tu alma
y escuchar primoroso los secretos murmullos que develan tu encanto.
Quiero morir, amor, que estoy viviendo.
Quiero vivir, amor, que estoy muriendo.
Seguramente, amor,
lo estoy haciendo.
Inmensamente, amor,
soy lo que eres.
Y vos eres el mundo,
el mar,

mi casa.
Éste sitio es un espejo,
mas no espejismo.
Éste sitio eres tú,
también soy yo.

Septiembre 2

Los días que me queden sobre esta tierra linda quiero pasarlos con vos
con ella
contigo
con ustedes
con nosotros
Quiero creer como hoy lo hago
Creer que se puede todo aunque nos falte todo
todo lo que la fría sociedad considera Importante
Por qué no recordar que somos humanos
y la humanidad significa reír
recorrer los campos
las calles
el mundo
Recorrer todo lo que nos pertenece
Habitar un corazón cálido y sereno
besar
amar
sobrevivir
Quiero decir vivir plenos vivir constantes
Adelita
Vida mía
Mi diáfana mujer de rostro alegre
Cuánto te amo
Tu calor de sueños me hacía falta
Tu candor y esperanza es la misma que resguarda mi pecho
Vos eres mi madre porque me alimentas
Vos eres mi hermana porque llevas mi sangre
Vos eres mi amante porque me enamoras
Vos eres mi esposa
mi compañera
mi casa
Vos eres el mundo
y mi cuerpo entero

Septiembre 3

"Sé el cambio que quieres ver en el mundo" dijo algún viejo señor de traslúcida alma, con las palabras más sencillas y a priori silenció a las personas más cultas y más ricas, es decir, las más asalariadas. Le parece inconexo al banquero y también al abogado, suena altamente increíble también para el nihilista y el filósofo que no aprendió a teorizar con epigramas.
Duerme en tus entrañas nuestra historia y se vislumbra como un todo. ¿Dónde aguardará la lluvia antes de tornar a nuestras manos? El mundo desde hoy tiene una razón de cambiar bajo nuestra tutela y nuestro amor. ¿Y vos, compañera ... quieres cambiar conmigo el mundo?

Septiembre 4

Pasan las horas y observo las fotos de hace un par de meses, de hace mucho tiempo atrás y me reprocho los enseres del sueño, si con vos estoy bien, si seré padre y esposo y amigo y amante. Si lo estoy siendo ya desde que el sol se asoma no sólo por mi ventana sino por mi piel, por mi retina. Creo en una sola mujer y esa eres tú, en un sólo adagio que me solidifica, que me hace sentir fuerte, sereno, pleno. De qué habría de arrepentirme si la muerte sabe perfectamente en qué momento ha de venir por mi. Si en mis sentidos descansa tu imagen adorada, tu niña imagen de caricias y sueños. Una disculpa por las inconveniencias que mi letargo vivencial puedan provocar en vos, de mi anatomía paupérrima que está compuesta de litigios y flores. pero mi corazón no miente, aunque se asome de a poquito en tu criterio celeste y joven, candoroso y dulce. Como todas las noches tengo que dar las gracias a la vida por haberte prestado como mi compañera el tiempo que deseen las moiras, así como invertir las salutaciones a agradecer el tiempo que me presten para estar con vos.. El camino es largo, es ancestral, emocionante y sencillo, quiero decir bello. Es lo mejor que me pudo pasar. Gracias por todo, Adelita. Gracias por todo, mi amor.

Septiembre 5

Mi vida no es una tómbola, pero sí una caja de sorpresas, y dime vos, cómo negar la instantánea sonrisa que develan tus ojos, el aliento profundo de tus besos, la plurinominal caricia de tus manos, esos abrojos que tu feminidad hacen que desconozca el mundo y el calor que emana la humanidad que te nombra es el perfecto subterfugio que devela un nirvana. Mi vida eres tú.

Septiembre 8

Es el frío, la lluvia, eres vos, la ausencia de vos, de tu calor, de ese corazón flamable que hace colapsar mi pecho. No te quedes parada del otro lado del nódulo, que somos arrebato de incontenibles ansias por morderse los labios, los afables labios, sin frugalidades ni preguntas. Instinto, puro instinto; pureza y palpitar es la lluvia que me nombra. Amor es lo que siento y lo que me contiene. Mi amor es lo que eres, tu amor es lo que soy.

Septiembre 9

Que la fortuna de vueltas y vueltas.
Que gire la ruleta hasta el colapso.
Todo eso y el resto y lo demás hoy ya no importa, porque me tengo a ti, porque te tengo a mi, porque me encuentro de insurrecto en éste que es nuestro tentempié y desde mi ventana el único paisaje es tu sonrisa.
Reinventar es la palabra que nos llevó por décadas desde el reencuentro con la luz hasta el café del centro.
Todo espacio es nuestro hogar si estamos juntos, y no existe elemento que pueda orquestar desaires apocalípticos, porque me tengo a ti, porque te tengo a mi.

Septiembre 10

Cuéntame del tiempo en que eternos nos volvimos, en la afable sensación de tu calor sobre el mío, bajo el mío.
Cántame el día lluvioso, la soleada media tarde, la nochebuena diaria y el reptante amanecer con alas de ángel.
Cuéntame de las cosas que quisieras hacerme en aquel nuestro sitio, para saber improvisar mi amor más allá de tu piel.
Hace horas que necesito saber de nuestra historia, de la pluma que describe nuestros pasos al ritmo de los sueños, entintado de la misma manera.
Hace horas que necesito decirte que Te amo.

Septiembre 11

"No es perfecta más se acerca a lo que yo, simplemente soñé" predica una canción, pero esa sonrisa increíble me sabe decir otra cosa. Tus manos llevan la esperanza de amaneceres eternos. Es en vos en quien encuentro la dicha de vivir o de soñar despierto. Es una sensación privilegiada la de ser su compañero. Hay algo dentro de mí, más allá de mí que me mueve a amarte. Somos aún los niños que juegan y sonríen serenos y es por eso que te amo, porque el bienestar es paso mutuo. En tu vientre habita el sueño de la humanidad, el tiempo inédito de los hijos terrenos que saben saborear felicidad. Mi amada, no sé con qué palabras contemplarte, me hacen falta y me sobran los motivos, porque mi cuerpo, ésta masa que habito te añora y te desea el mejor de los obsequios. Mi regalo es amarte, comprenderte, adorarte. Mi sonrisa es también un beso cálido. Después y antes, antes y después del despojo carnal está mi deseo de verte feliz, de saberte plena. Te regalo mis horas, mi corazón purísimo, ahíto de anhelo. Gracias por un día más; gracias por el regalo que me brindas y la oportunidad sublime de vivir. Soy lo que fui, el niño-hombre que esperó a la onírica mujer que canta entre natura. Venga lo que venga, lo esperaré dichoso si es con vos y el prístino reflejo que estamos dibujando. El universo es sabio, nos faltaba aguardar.

Septiembre 12

¿Existe el abandono? Me parece que el auto abandono tiene modalidades, por eso me percato de ser una semilla; me reintegro y admiro la tierra que me nombra; el fruto que contiene es sólo el corazón, seguimos siendo un cuerpo, iluminado encanto que las lluvias bendicen. ¿El abandono existe? Puede ser un vestigio; me parece que hay veces que se renuncia al mantra por no cruzar las costas, pero también se puede auto reconocerse, auto exiliarse todos los días en una mujer que no cabe en la palabra Mujer y necesita llamarle a besos para que acuda a ésta casa que soy. Renacer es el símbolo que contiene tu vientre allí entre los vitrales purísimos de tu carne. Un beso puede ser siempre la auto bienvenida.

Septiembre 13

Mi delirio corre sosegado al subterfugio de tus ojos
Y es que en ellos se hospeda la distancia certera de un presente nostálgico
En el que las azoteas
Y las aceras
Son también nuestro hogar
Somos seres de paso
Transeúntes en medio del rescate
Y el recato informal del felino extasiado por las anomalías de ésta realidad
que lo contiene todo en cada gota que cae precipitada para gritar la ciencia
irrevocable Irreversible
En pleno paso firme y sin pasado
Todo tiempo es el mismo y es eterno
Quizás en otra parte
En algún sitio te perdí
Pero te encuentras de frente
Frente a los buenos días de la barcaza que arribó hasta tu lecho
Mi costa
Mi costilla
Mi costado
Mi vaivén de equilibrios ha dejado una huella
Ha marcado la historia en el asidero de una madre cósmica
Yo soy también tu hijo
Yo estoy encarnado entre tu pecho
De igual modo que vos lates en mi consciencia
Fuera de mi está el mundo de los buenos momentos
Los instantes perennes en que aludo tu cuerpo
Tu sonrisa
Fuera de mi está el sol
El solsticio
La vacuidad serena de tu encanto
Dentro de mi estás vos
Más allá de mí
También te encuentras vos
En el mismo bajel repleto de amor propio
Que es lo mismo a expresar
NOS HEMOS ENCONTRADO

Septiembre 14

Buenos días
El augurio proveniente de mis labios
Trae consigo un despertar
Acompasado y sincero
Y qué no desearle al amor y la vida
Sino que un nuevo día favorezca su esencia de sueños y malvas
Mi amor
Mi vida
Muy buenos días

Septiembre 15

La habitación es blanca
Un corredor abre paso a mi sombra
Los destellos brotan desde el intersticio en aquella ventana celta
Un aroma a buen tiempo es lo que hay
Será la nocturna agonía el sin sabor de los secretos
La habitación es sabía y media con las sábanas
Contiguo está el adoquín pintado y la verdad dormida aguardando el despertar
Mis ojos cantan el deseo de habitar de pisar fuerte
Tal parece que espero que es el fin
Una mujer se encuentra ya en la sala
Sus ojos son las puertas y el corazón es sacro
Mi rostro no es el mismo desde que toqué el dintel
Sus labios me aseguran que nuestro es el lugar
Bienvenido me dice
Bienvenida te dije
Éste es nuestro hogar
Es hoy el buen tiempo y la razón es pura si se mezcla con los astros
Renacer es vital para habitar la carne
Tus besos son las palabras que requiere mi cuerpo
Léeme gustosa que mi cuerpo es tu cuerpo
Late en tu interior el mismo corazón
Qué nombre tendrá nuestra más blanca bondad

Septiembre 17

Abrir los ojos (a mi manera) es entregar el mundo a mis sentidos
Cada mañana despierto al suspiro de tu enternecedora y apasionada imagen Amor
La vida es un pretexto para verte
Mi ilusión es amarte y no requiero pretextos para reconocer tu divina presencia
Gracias por las edades y el tiempo que converge en una mirada nuestra
también éste día quiero decir que Te amo

Septiembre 18

Marcará la ciudad la risa de tu encanto y la aurora voraz encontrará la pauta para verse serenos al menos un instante
Un instante perenne guardará nuestro canto

Septiembre 20

Mi corazón es música
Danza mi cuerpo al verle con un tribal sonido de letargo
De extasiado vaivén
De mar bravío
Es mi cuerpo una caja de sorpresas si te nombro
Si te miro
Existe lo inevitable
Lo imponderable
Lo importante
Mis manos son de amor
Y te cultivan con caricias
Mis labios se inventan los caminos de tu cuerpo
Y hay más de una estación donde hoy se detienen
Mi amor
Puede ser
Mi corazón
La sonatina
Que resguarde
Tu sonrisa
De amor
De amor
De amor

Septiembre 21

Mi plegaria se alza desde mi subconsciente
Imita realidades no dadas ni rehechas
Sino que tiene el son de las voces de antaño
Del conmemorar y asideros humanos
Cómo no afianzar el buen reflejo
Si mi sonrisa tiene ya dos sentidos
Una luz que retiene mi esencia
Y una paz abrazando este cuerpo

Septiembre 23

Un universo se expande en tu interior
Su palpitar es nuestro canto
Amanece más temprano desde el primer latido
Y sea quizás más fuerte el acerado lazo que nos une
El vientre maternal que en vos descansa tiene las pluviales risas que alguna vez soñamos
Madre prima
Madre prístina
Madre en asido lecho álgido
Madre de las constelaciones
Late más fuerte que yo canto en tu nombre
Mi candor es brío de belleza
Mi corazón es luz en la memoria
Desecha amor las cosas que sostienen tu cuerpo
Y deja que tu aroma perfume mis vestidos
Alza las sempiternas flores de la victoria
Que las víctimas caen desde su propia cuerda
En tus vertientes se baña la amorosa estación del abandono
Y es que abandonarse significa también ser más humanos
Mucho más goza el que de laurel viste
Aureas las presas de la felicidad pues de ellos es el mundo de las analogías
Viste de ambigüedad si el tiempo lo requiere
Que la edad muchas veces contradice materia

Septiembre 24

El subterfugio es lo de menos, suponíamos al discurrir con lenguaje sonriente la interrogante declaración tradicional que convocamos. El tiempo es certero y el sueño roza con la hora álgida. Despierta en su compás la gratificante dulzura de vivir a beso firme Y un latir suave nos cuenta que la vida comienza cada instante

Septiembre 26

Masyadti, mi corazón está en el lugar donde debe. Las chimeneas arden porque el fuego está presente donde el calor invoca. Mi natural sentido es el de amarle porque mi conciencia es fuego vivo. Sueños arcaicos te han traído a mi lado. Por qué habría de dudar en brindar mi calor a la mujer soñada; por qué no acudir al encuentro si he elegido el camino más puro. Soy humano Masyadti, soy tu humano, y mis manos son la cuna que anhelante suspira el despojo de los astros. Mi humanidad carece de sociedad, de desasosiego. Me llamo Diego y en la tónica secreta de mi nombre está el enorme secreto que develo ante usted. Bienvenida, compañera. Es en vos en quien en realidad me mudo, y no en la casa que habitaremos. Allí estarán nuestros cuerpos, pero mi corazón siempre estará con vos. No tema, compañera, que el camino es seguro. Seguro que lejos, muy lejos llegaremos. Con vos y en vos, mi plenitud es tu calma.

Septiembre 30

Atardeceres

El sol
El solsticio
El solidario encuentro
El sagrado instante sempiterno
El dios apolo siempre refulgente
Aquel Apolo y su nutrida apología
El águila y el león sin apologética
La soldadela que lucha siempre en plena tarde
La sinfonía del viento y sus tenues rojas auroras
La tarde lleva el corazón en medio de sus rayos

Octubre 4

Evocar tu templo es saberse siemprevivo

Yo no sé de fe más que en el amor

Yo no sé de amor más que por fe

El calor de tus labios es fruto indescriptible

Un hedonista soy

Lo declaro

(Fe de erratas: en el verso anterior el autor perdió seguramente el hilo por pensar en la amada, omitiendo que declara ser hedonista desce que conoció su amor.)

El Yo de arriba que sostiene la pluma

Sabe que entre los hermanados yoes

Hay siempre uno que promulga

Las vertientes en que todos confluimos

Si es necesario decirlo

Tenga usted amada mía

El placer que le comparto

Al mencionar cual conjuro

Mi más profundo

Grandilocuente amor

Octubre 6

Observa cómo resplandece la mañana

Yo miro el brillo de tus ojos

La clara majestad de tu semblante al sonreír

El cálido abrazo de tus manos

Y a tu pecho acudo para saber si es verdad

Las pesadillas me atormentan   son mis vecinas

Pero el cepo que resguardo es un abrazo

Una mirada cálida empapada de amor

De buenos días

A veces suelo creer en los intersticios de la clara

Mañana como una canción melodiosa y dulce

Pero no se compara con tu calor de soles augurales

De manantiales tácitos

Gozosos

Las teclas de mi pequeña sonatina no son cosa otra

Sino el pensar en vos mientras caminas   observas

Mientras piensas quizás qué es lo que hago

Mientras el instante que nos consume a ambos

Tiene sabor a anhelo sin importar el despojo

Del sueño más inquieto

O la piel en comunión de hace unas horas

Observa cómo resplandece la mañana

Gracias por el té

Te amo

Me apresuraré mi amor no pienses mal

No hago otra cosa que pensar en ti

Observa cómo resplandece la mañana

Mientras yo me recuesto en la imagen de vos

Y sello tu serenidad con mis labios de amor

Octubre 7

La calle tiene el silencio de tu ausencia
Nuestra casa guarda el fragor de los desvelos
Ésta tarde caminé con tu sonrisa
Bailé
Canté
Grité
Alegremente porque tu ausencia es un sol
Enormemente grande
Y el ciclo resplandece igual al punto medio
Porque allá en lo alto de las casas
Existen muchos seres
Pero ninguna eres vos
Y al igual que el día
Uno como ninguno Masyadti
Se agita mi corazón
Mi cuerpo entero
Pues torna tu imagen de extravío vivencial
De rutina extasiada
Y vuelves a mis brazos
A mis labios
Tus labios
A nuestro itinerante hogar
En medio de un abrazo

PÉDICA DEL PECADOR GUSTOSO

Los pasos se escuchan,

hay marcas en la tierra

que exigen un resguardo

en la memoria.

La sinfonía que causa

el eco de tu voz

o el roce de tu boca,

es como un huracán

de indómitas entrañas

que restablece el mundo

en medio de las sábanas.

El tiempo que resguarda

tu mirada,

es el aliento que contienen

mis manos.

Los intersticios cálidos

que mi boca contempla,

son tu carne y mi carne

en medio del clamor.

Mi religión es tu vientre,

es el vaho que predico

al recorrer tu espalda

hasta llegar al templo

donde confieso todo

y busco un asidero

allá entre tus cabellos.

El temblor nos reclama,

nos reclama la sangre.

Tu cuerpo sobre el mío

es ya un lugar abstracto.

Made in the USA
Coppell, TX
23 June 2024

33838984R00069